Reinhard Weber

Business Reengineering - Der radikale Ansatz nach Hamm

GRIN - Verlag für akademische Texte

Der GRIN Verlag mit Sitz in München hat sich seit der Gründung im Jahr 1998 auf die Veröffentlichung akademischer Texte spezialisiert.

Die Verlagswebseite www.grin.com ist für Studenten, Hochschullehrer und andere Akademiker die ideale Plattform, ihre Fachtexte, Studienarbeiten, Abschlussarbeiten oder Dissertationen einem breiten Publikum zu präsentieren.

Dokument Nr. V155478 aus dem GRIN Verlagsprogramm

Reinhard Weber

Business Reengineering - Der radikale Ansatz nach Hammer/Champy

GRIN Verlag

Bibliografische Information der Deutschen Nationalbibliothek: Die Deutsche Bibliothek
verzeichnet diese Publikation in der Deutschen Nationalbibliografie; detaillierte bibliografische Daten sind im Internet über http://dnb.d-nb.de/ abrufbar.

1. Auflage 2010
Copyright © 2010 GRIN Verlag
http://www.grin.com/
Druck und Bindung: Books on Demand GmbH, Norderstedt Germany
ISBN 978-3-640-68433-5

Business Reengineering
Der radikale Ansatz nach
Hammer/Champy

Bachelorarbeit
im
Studiengang Wirtschaftsinformatik
an den
Ferdinand Porsche Fernfachhochschulstudiengängen

Reinhard Weber

Wien & Wiener Neustadt, 30.06.2010

Zusammenfassung / Summary

Mitte der achtziger Jahre begannen zahlreiche Unternehmen in Europa und in den Vereinigten Staaten, mit neuartigen und diskontinuierlichen Versuchen, die bestehenden Organisationsstrukturen radikal zu verändern. Im Sommer 1990 erschien im 'Harvard Business Review' ein Artikel von Michael Hammer mit dem Titel 'Reengineering Work - Don't Automate, Obliterate' (engl. Reorganisation - Nicht automatisieren, ausmerzen). Kurz darauf erschien der Bestseller 'Reengineering the Cooperation' (Deutscher Titel: Business Reengineering - Die Radikalkur für das Unternehmen) von Michael Hammer und James A. Champy und begründete damit den Begriff des Business Reengineering. Die darin beschriebenen Verfahren und Methoden wurden als Antwort auf die wirtschaftliche Herausforderung Japans gesehen. Die vorliegende Arbeit versucht einen groben Überblick über die Ansätze von Hammer und Champy zu geben und geht dabei auf die radikale Neugestaltung, den Wandel zur Prozessorientierung und den kreativen Einsatz von Informationstechnologie ein.

In the middle of the eighties more and more European and American enterprises began to experiment changing existing organisational structures in radical and discontinuous ways. In summer of 1990 Michael Hammer published an article called 'Reengineering Work - Don't Automate, Obliterate' in the 'Harvard Business Review'. Shortly afterwards the Bestseller 'Reengineering the Cooperation' by Michael Hammer and James A. Champy appeared and formed the concept of Business Reengineering. The described procedures and methods were seen as a possible solution regarding to the economical challenge of Japan. This present work provides an overview of the approaches of Hammer and Champy, especially by describing the methods of radical rearrangement, changing the orientation from the company view to the customer view and the creative use of information technology.

Bei dieser Arbeit gilt die gewählte Formulierung der personenbezogenen Bezeichnung für beide Geschlechter.

Inhaltsverzeichnis

1 Einleitung

Beim Business Reengineering geht es nicht darum, bestehende Abläufe zu optimieren. Business Reengineering ist ein völliger Neubeginn – eine Radikalkur. Sollten Unternehmen nicht bereit sein, Grundsätze ad acta zu legen und sich neuen Prinzipien zuzuordnen, bleibt ihnen nur die Alternative ihre Pforten zu schließen und ihre Geschäfte einzustellen. Sie haben schlicht und einfach keine andere Wahl ... (Hammer et. al., 2003)

Bereits die Einleitung des Buches von Michael Hammer und James Champy lässt den radikalen Ansatz ihrer Business Reengineering Methode vermuten. Das Konzept von Michael Hammer und James Champy entstand durch Beobachtung von verschiedenen Unternehmungen, die durch grundlegende Veränderungen in ihrer Unternehmensstruktur ihre Leistungen um ein Vielfaches steigern konnten. Auffällig dabei war, dass bei diesen Veränderungsmaßnahmen unwissentlich dieselben Werkzeuge und Vorgehensweisen zur Neustrukturierung des Unternehmens verwendet wurden. Scheiterten die Versuche für eine maßgebliche Verbesserung, so waren die Ursachen für den Misserfolg ebenso vergleichbar (vgl. Hammer et. al., 2003, S.14 ff).

Das Potential für eine derart umfassende Leistungssteigerung dieser Unternehmen liegt in der bewussten Aufhebung historisch gewachsener Strukturen und Philosophien. Adam Smith beschrieb in dem 1776 erschienenen Buch 'An Inquiry into the Nature and Causes of the Wealth of Nations' (engl. 'Der Wohlstand der Nationen') die berühmte Stecknadelfabrik und die Metapher einer unsichtbaren Hand. Smith, ein schottischer Philosoph und Ökonom, der zu seiner Zeit als Querdenker galt, beschreibt darin die Vorteile der Arbeitsteilung und Spezialisierung. Durch konsequente Fragmentierung von Arbeit konnte eine enorme Steigerung des Produktionsvolumens erzielt werden. Diese Zerlegung von Arbeit in kleinste Schritte wurde von Henry Ford zu Beginn des Zwanzigsten Jahrhunderts für die Automobilproduktion übernommen und verfeinert. Der einzelne Arbeiter war nicht mehr am Gesamtprozess der Herstellung beteiligt, sondern erledigte nur mehr wenige überschaubare Teilbereiche. Der Qualifikationsbedarf der Arbeiter sank, die Erfindung des beweglichen Montagebands brachte die Arbeit zu den Menschen und veränderte so den Arbeitsprozess grundlegend.

Fords Zerlegung der Arbeit machte diese zwar einfacher, erhöhte aber den Koordinationsbedarf, der notwendig war, um die unterschiedlichen Tätigkeiten zu steuern. Alfred Sloan, ein Nachkomme des General Motors (GM) Gründers William Durant, entwickelte aus diesem Grund den Prototypen eines Managementkonzepts. Dazu errichtete er in seiner Funktion als Präsident von GM, kleinere, dezentrale Unternehmensbereiche und setzte so das Prinzip der Arbeitsteilung von Adam Smith auch für die Unternehmensleitung ein (vgl. Hammer et. al., 2003, S.24 ff). Diese zur damaligen Zeit erfolgreichen Konzepte wurden von den USA in Europa übernommen und erreichten nach dem Zweiten Weltkrieg Japan. Sie bilden bis heute die vorherrschenden Prinzipien und Vorgehensweisen in der Produktionsindustrie und teilweise auch im Dienstleistungsbereich.

2 Was ist Business Reengineering?

Die Grundidee des Business Reengineering ist ein moderner Ansatz aus den 90-er Jahren. Es stellt kein einheitliches Konzept dar, sondern besteht aus einer Sammlung von bereits bekannten Ansätzen und Methoden, gepaart mit einer Vielzahl von Beobachtungen und Untersuchungen aus der Praxis (vgl. Osterloh et. al., 2003, S.18).

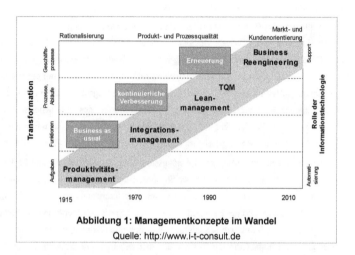

Abbildung 1: Managementkonzepte im Wandel
Quelle: http://www.i-t-consult.de

Business Reengineering ist ein fundamentales Überdenken und radikales Redesign von Unternehmen oder wesentlichen Unternehmensprozessen. Das Resultat sind Verbesserungen um Größenordnungen in entscheidenden, heute wichtigen und messbaren Leistungsgrößen in den Bereichen Kosten, Qualität, Service und Zeit (Hammer et. al., 2003, S.48). Dieser formalen Definition von Michael Hammer, einem US-amerikanischer Wirtschaftswissenschaftler und Unternehmensberater (vgl. Kapitel 8.1), und James A. Champy, Rechtsanwalt und Bauingenieur (vgl. Kapitel 8.2), steht die etwas divergierende von Prof. Dr. Hubert Österle, Professor für Wirtschaftsinformatik und Rektor der Universität St. Gallen, gegenüber: *Business Engineering ist die Zusammenfassung zahlreicher einzelner Ansätze zur systematischen Transformation von Unternehmen. Es erfordert unternehmerische, betriebswirtschaftliche, technische, soziale und Führungskompetenzen* (Österle et al., 2003, S.17).

Beiden Theorien liegt die Notwendigkeit einer Transformation, der Fokus auf die Geschäftsprozesse und ein zu schaffender Mehrwert für den Kunden zugrunde. Als Transformation wird in diesem Zusammenhang eine methoden- und modellbasierte Überführung in das restrukturierte Unternehmen verstanden (vgl. Neubauer, 2009, S.10 ff). In der Durchführungsstrategie fordert Österle Einfühlungsvermögen und Verständnis für die kulturellen und politischen Aspekte als unabdingbar ein (vgl. Österle et al., 2003, S.46 ff), während von Hammer und Champy eine als 'Bombenwurf-Strategie' bezeichnete Vorgehensweise gefordert wird. Dabei wird ein Neubeginn beziehungsweise eine Neugründung angestrebt. Wie würde ein Unternehmen strukturiert sein, würde es in der heutigen Zeit mit den zur Verfügung stehenden Mitteln neu geschaffen werden? Business Reengineering nach Hammer und Champy ignoriert was besteht und konzentriert sich einzig und allein auf das, was sein sollte. (vgl. Hammer et. al., 2003, S.49).

Das als Taylorismus bezeichnete Prinzip von prozessgesteuerten Arbeitsabläufen, die Einteilung in Organisationseinheiten und Divisionen sowie eine Fragmentierung von Arbeitsschritten gilt für sie als unnötig und veraltet (vgl. Abbildung 2).

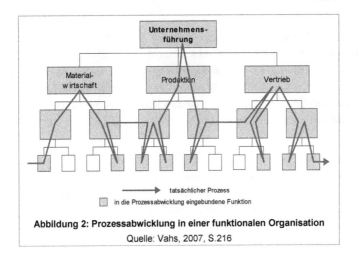

Abbildung 2: Prozessabwicklung in einer funktionalen Organisation
Quelle: Vahs, 2007, S.216

2.1 Gründe für Business Reengineering – Ein Vergleich

Bei den Gründen für Business Engineering werden von Prof. Dr. Hubert Österle vor allem die Innovationen der Informationstechnologie (IT) verantwortlich gemacht. Selten sind Veränderungen von Rahmenbedingungen (Deregulierungen), geändertes Kundenverhalten oder eine Neuorientierung in Branchen oder Märkten die Auslöser (vgl. Österle et al., 2003, S.11). Besonders dem Bereich der digitalen Vernetzung von Geschäftspartnern und einer Ausweitung des Supply Chain (engl. Wertschöpfungsnetzwerk) wird ein großes Potential zuerkannt.

Laut Österle bieten derart integrierte Prozesse einen erheblichen Kundennutzen (vgl. Österle et al., 2003, S.25 ff). Folgende Schlagwörter stehen dabei im Zentrum der Betrachtung:

- Everything: Der Kunde hat Zugriff auf sämtliche Produkte, Dienstleistungen und Informationen aus einer Hand und benötigt dafür nur eine Geschäftsbeziehung.

- One-Stop: Der Kunde erledigt das gesamte Geschäft in einem einzigen Vorgang. Es gibt keine Wartezeiten und, bis auf den physischen Warentransport, keine Unterbrechung des Kundenprozesses.

- Anyhow: Durch eine Multichannelunterstützung erhält der Kunde die von ihm bevorzugte Prozessunterstützung (E-Mail, Fax, Mobiltelefon, ...).

- One-to-one: Die Kommunikation mit Lieferanten ist in allen Bereichen auf das Kundenprofil abgestimmt.

- Everywhere und non-stop: Der Leistungsbezug ist weltweit und ohne zeitliche Einschränkungen möglich.

Möglich wird eine solche Ausdehnung der digitalen und meist webbasierenden Vernetzung durch eine sogenannte Business Colaboration Infrastructure (BCI), die einen standardisierten Austausch (m:n fähige Kooperationsprozesse) ermöglichen soll. Beispiele für eine solche BCI sind im Bankenbereich SWIFT, für die Abwicklung von internationalen Finanztransaktionen und GXS, einer Art Vermittlungsstelle für mehr als 100.000 Lieferanten und Kunden bei General Electric (vgl. Österle et al., 2003, S.34).

Bei Hammer und Champy sind es drei Kräfte, die Unternehmen zum Business Reengineering zwingen: Die Kunden, der Wettbewerb und ein permanenter Wandel. Weder Kundennachfrage, Marktwachstum oder Produktlebenszyklen noch die Geschwindigkeit der technologischen Veränderungen sind konstant oder vorhersehbar. Die Ansichten früherer Wirtschaftstheoretiker, wie Adam Smith oder Henry Ford (vgl. Kapitel 1), gehören nach Hammer und Champy endgültig der Vergangenheit an (vgl. Hammer et. al., 2003, S.30 ff).

- Kunde: Im Gegensatz zu vergangenen Zeiten sind Konsumgüter keine Mangelware mehr. Die Kunden fordern, vor allem durch vorhandene Alternativen, Produkte und Dienstleistungen, die auf ihre Bedürfnisse zurechtgeschnitten sind. Sie sind sich der Vielfalt bewusst und erwarten Qualität, Service und Auswahl. Dies gilt für die Kunden der Industrie gleichermaßen wie für die Endverbraucher.

- Wettbewerb: Die steigende Anzahl von Konkurrenten und der Wegfall von Handelsbarrieren verändern die Marktgegebenheiten. Leistungsstarke Unternehmen verdrängen Konkurrenten, niedrige Preise, bester Service und hohe Qualität werden innerhalb kurzer Zeiträume zum Standard für eine gesamte Branche. Befinden sich Produkte bereits am unteren Preisniveau, werden diese durch sogenannte Added Values (engl. zusätzlicher Wert) differenziert. Nischenanbieter verändern die Märkte und Newcomer, die sich nicht an althergebrachte Regeln halten, erzeugen neue Produkt- und Dienstleistungsgenerationen.

- Permanenter Wandel: Der Wandel hat sich wesentlich beschleunigt und wurde mittlerweile zur Gewohnheit beziehungsweise bildet die Norm. Produktlebenszyklen werden heute nicht mehr in Jahren, sondern in Monaten angegeben. Erhöhter Konkurrenzdruck und laufende Dienstleistungsinnovationen zwingen die Unternehmen, ihre Produkte anzupassen und vor allem die Produktentwicklungszyklen zu verkürzen. *Die heutigen Unternehmen müssen sich schnell bewegen, ansonsten stagnieren sie* (Simon, 2000, S.203).

Die Anforderungen zur Qualitätssteigerung, zur Senkung der Kosten und zur Zeitersparnis sind in allen Unternehmen bekannt und werden durch Konzepte wie Total Quality Management (TQM), Zero based Budgeting, Gemeinkostenwertanalyse, etc. realisiert. Neu ist, dass alle diese Ziele gemeinsam angestrebt werden und als zusätzlicher Faktor die Innovationsfähigkeit hinzukommt (vgl. Abbildung 3). Modernes Management ist in bisher kaum gekannter Weise bereit, Business Reengineering durchzuführen, *denn das Problem vieler Unternehmen besteht darin, dass sie an der Schwelle des einundzwanzigsten Jahrhunderts die Bürde eines organisatorischen Aufbaus zu tragen haben, die im neunzehnten Jahrhundert entstand und im zwanzigsten gute Dienste geleistet hat* (Simon, 2000, S.204 ff).

Abbildung 3: Zeit-Kosten-Qualitätsdreieck
Quelle: Osterloh et. al., 2003, S.17

2.1.1 Welche Unternehmen unterziehen sich dem Business Reengineering?

Ein Business Reengineering Projekt ist auf lange Sicht nur dann erfolgreich, wenn die getroffenen Maßnahmen eine gänzlich neue Strategie im Unternehmen implementieren. Derartige Veränderungen erfolgen nicht auf Abteilungsebene, sondern nehmen Einfluss auf die Unternehmensprozesse, die die Gesamtheit der bis dato funktionalen Organisation beeinflussen. Zusätzlich sind die einzelnen Unternehmensprozesse untereinander abzustimmen, um eine optimale Performance zu gewährleisten. Diese Neuausrichtung eines Unternehmens ist kein alltäglicher Prozess, sondern ist mit Gefahren und Aufwand verbunden.

Folgende Ausgangssituationen sind Auslöser für eine derartige Neuausrichtung:

- Unternehmen in großen Schwierigkeiten: Hier sind radikale Maßnahmen unabdingbar, um vor dem gänzlichen Aus zu bewahren.

- Vom Management erkannte zukünftige Probleme: Als Vorstufe zum vorigen Punkt, bei dem ein aufmerksames Management notwendige Korrekturen bereits im Vorfeld erkennt und Maßnahmen ergreift.

- Ein aggressives und ehrgeiziges Management: In diesem Fall ist die Unternehmensperformance in Ordnung, die Methode eines Business Reengineering wird dazu eingesetzt, um den Vorsprung zur Konkurrenz beizubehalten oder auszubauen.

2.1.2 Regeln für Business Reengineering

Folgende vier Regeln sind als Merkmal für ein effektives Business Reengineering unerlässlich (vgl. Hammer et. al., 2003, S.66 ff):

- Prozessorientierung: Verbesserungen finden nicht innerhalb vordefinierter organisatorischer Grenzen statt, sondern verändern einen vollständigen, abteilungsübergreifenden Unternehmensprozess.

- Ehrgeizige Pläne: Nicht eine geringfügige Verbesserung von Kennzahlen ist anzustreben, sondern ein massiver Anstieg des Outputs um zweistellige Prozentzahlen.

- Bruch mit Regeln: Vorhandene festgefahrene Vorgehensweisen, wie zum Beispiel Spezialisierungen von Mitarbeitern und Teams, gängige Arbeitsabläufe und Zeit- und Ressourcenplanungen sind zu analysieren und nötigenfalls aufzugeben.

- Kreativer Einsatz von IT: Informationstechnologie in ihrer modernen Form ermöglicht vollkommen veränderte Arbeitsweisen und muss bei der Umgestaltung einbezogen werden.

2.2 Vier Schlüsselwörter des Business Reengineering

Die Definition von Hammer und Champy (vgl. Kapitel 2) zum Business Reengineering enthält vier konzeptionelle Merkmale, die sogenannten Schlüsselwörter des Business Reengineering:

- Fundamentale Fragestellungen

- Radikales Redesign

- Verbesserung um Größenordnungen

- Unternehmensprozesse

2.2.1 Fundamentale Fragestellungen

Im Gegensatz zur häufigen Vorgehensweise, bestehende Prozesse durch Anpassungen und / oder Automation zu optimieren, ist das Management bzw. die Unternehmensleitung gefordert, ein grundsätzliches 'In-Frage-Stellen' der bestehenden Situation durchzuführen.

Drei Fragen spiegeln die Vorgehensweise eines Reengineering Prozesses wieder: Was tut das Unternehmen? Warum macht es das? Und vor allem: Warum macht das Unternehmen dies auf jene Art und Weise? Im ersten Schritt muss sich ein Unternehmen die grundlegende Frage stellen, was es eigentlich tut, anschließend über dessen Sinnhaftigkeit entscheiden und sich erst danach auf die Vorgehensweisen konzentrieren, wie diese Dinge effizient und lukrativ umgesetzt werden können (vgl. Uni Erlangen, S.3). Dabei wird von keinerlei Annahmen oder Vorgaben ausgegangen, die Unternehmen müssen sich vielmehr vor den Prämissen hüten, die bereits ein etablierter Bestandteil der meisten Abläufe sind (vgl. Hammer et. al., 2003, S.49).

2.2.2 Radikales Redesign

Dieser Begriff bedingt in Zusammenhang mit einem Redesign von Unternehmensprozessen eine komplette Neuausrichtung der Art und Weise wie die Arbeit erledigt wird. Nicht einzelne Teilbereiche werden modifiziert, sondern das gesamte Konzept wird derart hinterfragt, als würde sich das Unternehmen vom aktuellen Stand des Marktes und der Technik neu aufstellen. Zur Zeit Taylors (vgl. Kapitel 1) war der Bürokratismus Mittel zum Zweck. Die Teilung der Arbeitsschritte ermöglichte fachlich gering ausgebildeten Arbeitern die Beschäftigung in den Produktionsstätten. Der erhöhte Koordinationsbedarf war ein Bindemittel für einen geregelten Arbeitsablauf. Diese Organisationsstrukturen sind durch die Wettbewerbsstruktur und einer Destabilisierung der Märkte in einer modernen Organisationsstruktur nicht mehr zeitgemäß. Tabelle 1 stellt die Unterschiede gegenüber und verdeutlicht die Anforderung, Unternehmen nicht vertikal nach Funktionen sondern horizontal nach Prozessen zu gliedern (vgl. Osterloh et. al., 2003, S.24).

Tayloristische Organisation	Moderne Organisation
hohe Arbeitsteilung	breiter Aufgabenzuschnitt
viele Hierarchieebenen	wenige Hierarchieebenen
viele ungelernte Mitarbeiter mit spezialisierten Aufgaben	fachlich breit ausgebildete Mitarbeiter mit kundenorientierten Aufgaben
stabile, überschaubare Rahmenbedingungen	dynamisches, komplexes Wettbewerbsumfeld

Tabelle 1: Tayloristische Organisation vs. moderner Organisation
Quelle: Osterloh et. al., 2003, S.24

2.2.3 Verbesserung um Größenordnungen

Hier wird im Buch von Hammer und Champy von *schweren Geschützen* gesprochen. Nicht die Verbesserung im Bereich von 10 Prozent liegt im Fokus, dieser Bereich kann durch Feinabstimmungen und konventionelle Maßnahmen erreicht werden. Hier geht es um eine nachhaltige Effizienzsteigerung in den ökonomischen Kenngrößen (vgl. Abbildung 3) Kosten, Qualität, Service und Zeit (vgl. Hammer et. al., 2003, S.50 ff).

2.2.4 Unternehmensprozesse

Der vierte Schlüsselbegriff sind die Kernprozesse eines Unternehmens. Sie sind maßgeblich für die Zielerreichung und bilden somit auch den zentralen Bereich eines Business Reengineering Projekts. Abbildung 4 zeigt eine funktionale, vertikal strukturierte Organisation und deren horizontal verlaufende Prozesse. Diese historisch gewachsene Form ist eine der Hauptursachen für eine schlechte Performance in den Bereichen Qualität, Zeit und Kosten (vgl. Abbildung 3). Die zurzeit von Adam Smith übliche Arbeitsteilung fördert die Entstehung von operativen Inseln und komplexen, unübersichtlichen Schnittstellen. Es gibt keine Gesamtverantwortung für den Prozess, die Kommunikation ist aufwendig und es besteht die Gefahr einer bewussten oder unbewussten Informationsfilterung.

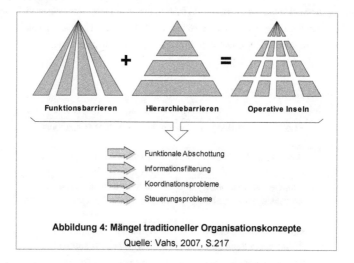

Abbildung 4: Mängel traditioneller Organisationskonzepte
Quelle: Vahs, 2007, S.217

Dies sind die Gründe, warum im Rahmen eines Business Reengineering Projekts Tätigkeiten bzw. Tätigkeitsbereiche zusammengefasst werden. Diese, als Empowerment (engl. Stärkung der Mitarbeiterkompetenz) bezeichnete Methode, stärkt den Verantwortungsbereich einzelner Mitarbeiter. Es erfolgt eine Umkehr der industriellen Revolution: Aus Spezialisten mit eng abgegrenztem Verantwortungsbereich werden Generalisten und aus getrennt agierenden Mitarbeitern werden Expertenteams gebildet (vgl. Uni Erlangen, S.6). Die Vorteile dieser Organisationsform sind (vgl. Hammer et. al., 2003, S.71 ff):

– Mitarbeiter fällen Entscheidungen: Es bilden sich sogenannte multidimensionale Berufsbilder, die sich durch die gesteigerte Verantwortung auf die Kunden konzentrieren und nicht auf Bedürfnisse der Vorgesetzten. Hammer und Champy definieren in diesem Zusammenhang die Begriffe Caseworker und Caseteam. Diese sind entweder als Person oder als Team für die Abwicklung und Durchführung eines Cases (engl. Geschäftsfall) gesamtverantwortlich. Dieses Empowerment gilt als unumgängliche Konsequenz eines Business Reengineering.

– Prozessschritte folgen ihrer natürlichen Reihenfolge: Die Einführung solch integrierter Prozesse beschleunigt die Durchführungszeit, verringert Liege- und Transferzeiten und verursacht geringere Verwaltungskosten durch den Wegfall bzw. die Vereinfachung von Schnittstellen und den dadurch bedingten geringeren Kontroll- und Aufsichtsbedarf (vgl. Abbildung 5).

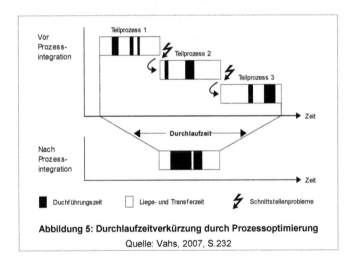

Abbildung 5: Durchlaufzeitverkürzung durch Prozessoptimierung
Quelle: Vahs, 2007, S.232

– Mehrere Prozessvarianten und geringere Standardisierung: Durch den Rückgang von Massenproduktion für einen Massenmarkt sind Prozesse auf unterschiedliche Märkte, Situationen und Inputs auszurichten, ohne dabei die Vorteile zu verlieren, wie sie in der herkömmlichen Massenproduktion bestünden (vgl. Kapitel 3.2).

– Weniger Kontrollen und Aufsicht: Diese nicht wertschöpfenden Tätigkeiten sind dahingehend zu hinterfragen, ob die dadurch anfallenden Aufwände nicht den Wert der kontrollierten Bereiche überschreiten. Eine Reduzierung auf pauschale, nachträglich durchgeführte Mechanismen ist in vielen Fällen meist wirtschaftlicher.

- Arbeit wird dort erledigt, wo es am sinnvollsten ist: Nach einem erfolgreichen Business Reengineering sind die Unternehmensprozesse meist völlig anders auf die einzelnen Organisationen verteilt. Die sonst übliche und enorm aufwendige Koordination von zusammengehörigen, jedoch auf unterschiedliche Organisationseinheiten verteilten, Arbeitsschritten entfällt und die Prozessleistung wird gesteigert.

- Abstimmungen minimieren: Die Verringerung des Abstimmungsbedarfs ist eine Folgeerscheinung der generalisierten Prozessdurchführung. Eine verringerte Anzahl an Schnittstellen verbessert die Datenqualität und minimiert den Aufwand für einen Abgleich.

- Zentralisierung / Dezentralisierung: Der Einsatz der modernen Kommunikations- und Informationstechnologie versetzt Unternehmen in die Lage, alle Vorteile einer Dezentralisierung (regionale Niederlassungen, Außendienstmitarbeiter, …) und jene einer Zentralisierung (gebündelte Datenhaltung, Richtlinien und Kontrollen) zu nutzen.

2.3 Der Geschäftssystem-Diamant

Ein Business Reengineering Projekt verändert große Teile der Arbeitsweisen und Strukturen eines Unternehmens. Folgende Bereiche können dadurch beeinflusst werden:

- Arbeitsstellen

- Menschen, die diese Stellen besetzen

- Beziehung der Mitarbeiter zu Führungskräften

- Karrierepfade

- Bewertungs- und Vergütungssysteme

- Rolle der Manager und der Unternehmensleitung

- Denkweise der Beschäftigten

Diese Veränderungen lassen sich in die Elemente Mitarbeiter, Stellen, Manager und Wertsysteme einteilen. Hammer und Champy beschreiben diese Zusammenhänge als einen 'Geschäftssystem-Diamant' (vgl. Abbildung 6). Die Spitze wird durch die Unternehmensprozesse bzw. durch die Arbeitsweisen eines Unternehmens gebildet. Die Organisationsstruktur und die dazugehörigen Stellen bilden die zweite Ebene. Die Aufgabendefinition, die Gruppierung der Mitarbeiter sowie deren Organisationsstruktur ergibt sich aus der Art und Weise, wie die Arbeit erledigt wird und in welcher Form die Wertschöpfung erfolgt. Multidimensionale Berufsbilder entstehen aus integrierten Prozessen, denen eine Organisationsform auf Grundlage von Prozessteams am besten entspricht. Menschen, die diese multidimensionalen Stellen besetzen und ein Prozessteammitglied werden sollen, sind mit Hilfe von geeigneten Managementsystemen zu rekrutieren, zu beurteilen und zu entlohnen.

Den dritten Eckpunkt bilden folglich die Managementsysteme. Sie ermöglichen eine Erfolgs-
kontrolle, bestimmen die Auswahl und die Maßstäbe für die Leistungsbewertung sowie die Aus-
und Weiterbildung der prozessorientierten Mitarbeiter. Diese beeinflussen wiederum die Wert-
vorstellungen, Überzeugungen und kulturellen Grundsätze der Mitarbeiter, die den vierten Eckpunkt bilden.

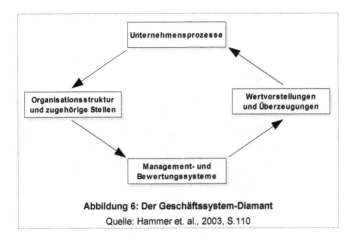

Abbildung 6: Der Geschäftssystem-Diamant
Quelle: Hammer et. al., 2003, S.110

Werte und Überzeugungen sind Einflussfaktoren bei der Gestaltung der Prozesse, womit sich
der Kreis des Geschäftssystem-Diamanten schließt. Alle vier Eckpunkte dieses Modells müssen
zusammenpassen, damit ein Unternehmen fehlerfrei und abgestimmt agieren kann. Nach Hammer und Champy ist Business Reengineering der Versuch, einen glanzlosen Diamanten durch
einen neuen leuchtkräftigen zu ersetzen (vgl. Hammer et. al., 2003, S.109 ff).

2.4 Was Business Reengineering nicht bedeutet

Die Autoren von 'Business Reengineering - Die Radikalkur für das Unternehmen' grenzen den
Begriff Business Reengineering exakt ab (vgl. Hammer et. al., 2003, S.67 ff):

- Es ist nicht mit einer Automatisierung gleichzusetzen. Dies würde lediglich bedeuten,
  dass bestehende Prozesse unter zu Hilfenahme der Informationstechnologie effizienter
  durchgeführt werden können.

- Es handelt sich nicht um Software Reengineering. Veraltete Informationssysteme zu
  modernisieren und diese auf moderne Grundlagen zu stellen, ist nicht im Sinne von
  Business Reengineering.

- Es ist kein Verfahren für Downsizing (engl. verkleinern, abbauen) oder Restrukturie-
  rung. Solche Maßnahmen werden als Reaktion für einen Nachfragerückgang angewen-

det, um mit weniger Ressourcen auch weniger herzustellen. Business Reengineering bedeutet hingegen, mit weniger wesentlich mehr herzustellen.

- Obwohl Business Reengineering in vielen Fällen zu einer flacheren Organisationshierarchie führt, ist es kein Verfahren für Rationalisierung oder Reorganisation. Es gilt nicht, alte Prozesse mit einer neuen Organisation zu überlagern.

- Business Reengineering ist nicht mit Methoden zur Qualitätssicherung bzw. Qualitätsverbesserung gleichzusetzen. Es bestehen Parallelen zum Total Quality Management (TQM) und anderen Qualitätsprogrammen, doch diese optimieren und verbessern vorhandene Unternehmensprozesse. Es unterscheidet sich weiters durch das Change Management (engl. Management des Wandels).

Im Grunde geht es beim Business Reengineering um die Umkehr der industriellen Revolution. Business Reengineering verwirft die Annahmen des industriellen Paradigmas von Adam Smith: Arbeitsteilung, Betriebsgrößenvorteile, hierarchische Kontrolle und all die anderen Elemente aus den Anfangsstadien der wirtschaftlichen Entwicklung. Business Reengineering ist die Suche nach neuen Modellen für die Organisation der Arbeit. Die Tradition zählt nicht. Business Reengineering ist ein neuer Anfang (Hammer et. al., 2003, S.70).

3 Drei Ideen des Business Reengineering

Im Idealfall versteht sich ein Unternehmen als ein Bündel von Kernprozessen. Durch diese Art der Sichtweise sollte eine Kundenorientierung entstehen, die vom Lieferanten bis hin zum Kunden einen durchgehenden Prozess sicherstellt. *Structure follows process* anstatt *Process follows structure*. Eine derartige Umstellung eines Unternehmens basiert, wie in Abbildung 7 dargestellt, auf drei Ideen (vgl. Osterloh et. al., 2003, S.27 ff):

– Prozess Idee

– Triage Idee

– Informationelle Vernetzung

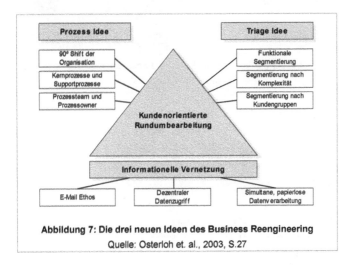

Abbildung 7: Die drei neuen Ideen des Business Reengineering
Quelle: Osterloh et. al., 2003, S.27

3.1 Prozess Idee

Abbildung 8 zeigt die schematische Darstellung einer Veränderung der Organisationsstruktur von einer funktionalen Organisation (vertikale, abteilungsbezogene Sichtweise) zu einer prozessorientierten Organisationsform (horizontale Sichtweise). Dieser Vorgang wird als ein 90°-Shift in der Organisation bezeichnet.

Stellt die vertikale Organisation in kleineren Unternehmen noch kein Problem dar, so fördert diese Strukturform mit steigender Komplexität und Anzahl der Mitarbeiter die Entstehung von sogenannten Silos, welche sich bewusst oder unbewusst auf die eigenen Aufgaben fixieren und nur mehr durch die Unternehmensführung koordiniert werden können. Versuche die beiden Organisationsformen zu vereinen, münden meist in noch komplexeren Matrixorganisationen.

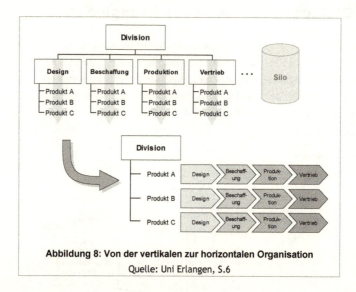

Abbildung 8: Von der vertikalen zur horizontalen Organisation
Quelle: Uni Erlangen, S.6

Während in der konventionellen Sichtweise der Fokus in der Optimierung der einzelnen Abteilungen liegt, hat die prozessorientierte Sicht die optimale Erfüllung des Kundenauftrags zum Ziel. Wesentliche Punkte für die Funktion dieses Verfahrens sind das Empowerment der Mitarbeiter und die Installation von Caseworkern und Caseteams (vgl. Kapitel 2.2.4).

Das Ergebnis ist eine Verbesserung der Koordination und der Motivation durch eine kundenorientierte Rundumbearbeitung. Der Koordinationsvorteil entsteht daraus, dass die Anzahl der Schnittstellen minimiert wird. Damit nimmt die Anzahl der Fehler bei der zeitlichen, sachlichen und personellen Abstimmung von Teilleistungen ab. Der Motivationsvorteil liegt darin, dass die Leistungen von den Prozess-Teams weitgehend eigenständig erbracht und ihnen kundenspezifisch rückgekoppelt werden können (Osterloh et. al., 2003, S.33).

3.2 Triage Idee

Implementiert man in mittleren bis großen Unternehmen einige wenige strategisch wichtige Kernprozesse, so wird es erforderlich, diese einer weiteren Unterteilung zu unterziehen. Auch das engagierteste Business Reengineering Projekt kann trotz funktionsübergreifender Tätigkeiten nicht ohne Arbeitsteilung funktionieren. Eine derartige Teilung weicht aber von der herkömmlichen Fragmentierung von Arbeitsschritten ab. Für die in Abbildung 8 gezeigte Form der horizontalen Organisation der Kernprozesse gibt es drei Varianten der Segmentierung: die funktionale Segmentierung, die Segmentierung nach Problemhaltigkeit und jene nach den Kundengruppen (vgl. Osterloh et. al., 2003, S.51 ff).

3.2.1 Funktionale Segmentierung

Bei dieser Form der Segmentierung wird der Durchführungs- bzw. Auftragsabwicklungsprozess in einzelne Bereiche (zum Beispiel Design, Beschaffung, Produktion, Vertrieb) unterteilt (vgl. Abbildung 8). Eigentlich widerspricht diese Form der Segmentierung der Grundidee des Business Reengineering und folgt im Grunde den traditionellen Prinzipien, da innerhalb des Prozesses erneut Schnittstellen geschaffen werden und es zu einer funktionalen Arbeitsteilung kommt. Im Fall einer funktionalen Segmentierung wird eine gesamtverantwortliche Sicht auf den Prozess durch den Prozessverantwortlichen wahrgenommen.

3.2.2 Segmentierung nach Problemhaltigkeit

Wie bereits in Kapitel 2.2.4 erwähnt, wird eine Dreiteilung der Prozesse vorgeschlagen (vgl. Hammer et. al., 2003, S.77). Üblicherweise erfolgt diese Unterteilung nach folgenden Kriterien:

– komplexe Fälle

– mittlere Fälle

– Routinefälle

Somit wird es möglich, für jede Art der Abwicklung eine geeignete Prozessvariante zu wählen, Ausnahmeregelungen werden vermieden, da der Routinegehalt jeder Ebene gleich bleibt. Negativ wirkt sich jedoch die Tatsache aus, dass der Bereich der Routinefälle dem Gedanken des Empowerments widerspricht, also der Forderung von Hammer und Champy mittels Business Reengineering anspruchsvolle und herausfordernde Arbeitsplätze zu schaffen. Darüber hinaus kann oft nicht von vornherein der tatsächliche Komplexitätsgrad bestimmt werden. Dies kann dazu führen, dass infolge einer falschen Zuteilung in der horizontalen Segmentierung die eigentlich zu vermeidenden Schnittstellen- und Zuständigkeitsprobleme einer herkömmlichen Organisationsform zu Verzögerungen in der Abwicklung führen.

3.2.3 Segmentierung nach Kundengruppen

Die dritte Form der Segmentierung ist jene nach Kundengruppen. Diese Unterteilung, zum Beispiel in die Bereiche Privatkunden und Geschäftskunden, ähnelt dem Key-Account Management. Vorteile sind die strikte Kundenorientierung und die Möglichkeit die Prozesse optimal an die Bedürfnisse des Kunden anzupassen. Die Gefahr von Doppelgleisigkeiten bei der Prozessabwicklung und eine Generierung von unterschiedlichen Lösungen für gleiche Kundenanforderungen sind als Nachteile zu werten (vgl. Osterloh et. al., 2003, S.64).

3.3 Informationelle Vernetzung

Die Mittel der neuen Informationstechnologien wurden in vielen Fällen dazu benutzt, die vorhandenen Prozesse digital abzubilden und diese dadurch zu beschleunigen. Obwohl auf diese Weise ein gewisser Grad an Effizienz und eine Verbilligung von Arbeitsabläufen erreicht wurde, werden die neuen Technologien nur beschränkt und nicht ausreichend kreativ für gänzlich neue Anwendungsfälle eingesetzt (vgl. Osterloh et. al., 2003, S.81 ff). Drei Prozessarten mit unterschiedlichen organisatorischen und informationstechnischen Anforderungen werden unterschieden:

- Interorganisatorische Prozesse (Prozesse zwischen verschiedenen Organisationen): Ausdehnung der unternehmensinternen Prozesse auf Zulieferer, Partner oder Kunden. Eine Ausweitung der Wertschöpfungskette zu einem Wertschöpfungsnetzwerk verringert den Koordinations- den Abstimmungs- sowie den Kontrollbedarf.

- Interfunktionale Prozesse (Prozesse innerhalb der Organisation, aber zwischen unterschiedlichen Funktionsbereichen): Hier wird die Informationstechnologie genutzt, um zeitliche und räumliche Grenzen zu überwinden. So wird es zum Beispiel im Bereich der Produktentwicklung möglich, Änderungen und Anpassungen in Echtzeit an die Beteiligten des Prozesses weiterzugeben. Zeiten für die herkömmlichen Übermittlungswege und Abstimmungsphasen werden so auf ein Minimum reduziert.

- Interpersonale Prozesse (Prozesse eines Funktionsbereiches zwischen Mitarbeitern und Gruppen): Innerhalb von Prozess-Teams kommunizieren die Mitarbeiter via Groupware-Applikationen und besitzen unabhängig vom Standort dezentralen Datenzugriff. Gerade in den Bereichen der Kundenbetreuung durch Außendienstmitarbeiter sind diese Prozesse ein wichtiger Faktor für wirtschaftliches und kundenorientiertes Handeln.

4 Business Reengineering from Scratch – Ein Beispielprojekt

Im folgenden Kapitel wird ein imaginärer Unternehmensprozess eines Telekommunikationsunternehmens einem Reengineering unterzogen. Obwohl es für den Ablauf eines Business Reengineering Projekts kein Patentrezept gibt (vgl. Hammer et. al., 2003, S.192) und derartige Projekte sehr unterschiedlich ablaufen, wird versucht, diesen Prozess nach den Methoden von Hammer und Champy umzusetzen. Grundsätzlich sollten bei der Umsetzung die entsprechende Unternehmenskultur und eine Bereitschaft zur Veränderung gegeben sein. Folgende sechs Schritte stellen eine Art Grundgerüst für ein Business Reengineering Projekt dar (vgl. Neubauer, 2009, S.21):

- Schaffung der Grundlagen und Bedingungen

- Bestimmung der Mitwirkenden und Organisationsaufbau

- Aufnahme der bestehenden Geschäftsprozesse

- Festlegung der geeigneten Prozesse

- Verständnis der Prozesse

- Redesign und Durchführung des Reengineering

Ausgangssituation für das Beispielprojekt: Die Unternehmensleitung eines Telekommunikationsbetriebes beauftragte einen externen Berater mit der Analyse des Beschwerdemanagementprozesses des Unternehmens. Grund dafür war, dass sich die E-Mails und Briefe von unzufriedenen Kunden, die direkt an die Unternehmenszentrale gerichtet waren, signifikant häuften. Die Unternehmensleitung wertete diese Tatsache als ein Signal, dass Kunden ihren Unmut in letzter Konsequenz und mangels effektiver Möglichkeiten direkt an die 'Chefetage' richten.

Das in kurzer Zeit vorliegende Ergebnis zeigte klar eine Dysfunktionalität des angewandten Prozesses und war Auslöser für ein notwendiges Redesign.

4.1 Der Brief an die Mitarbeiter

Gerade in wirtschaftlich angespannten Zeiten reagieren Mitarbeiter äußerst sensibel auf Veränderungen im Unternehmen. Aus diesem Grund entschied sich die Unternehmensleitung, nach der Installation der Projektgruppe für das Business Reengineering, ein Schreiben an die Mitarbeiter zu richten. Dieses sollte einerseits die hohe Priorität und Wichtigkeit des Projekts verdeutlichen, andererseits von Anfang an Klarheit über Art und Umfang schaffen.

Gemäß Hammer und Champy sind in diesem Zusammenhang zwei wichtige Punkte zu kommunizieren:

- Case for Action: Wie ist die aktuelle Lage des Unternehmens? Welche Probleme bestehen und wie sind diese in den Griff zu bekommen?

- Vision Statement: Wie sollte der betroffene Geschäftsprozess bzw. das gesamte Unternehmen nach dem Reengineering positioniert sein?

Da nahezu 100 % der Mitarbeiter über einen Intranet- und E-Mailzugang verfügen, wurde die folgende Nachricht (Auszug) über diese Informationskanäle ausgegeben:

- *... Eine Analyse unseres Beschwerdemanagementprozesses zeigte ein absolut unbefriedigendes Ergebnis. Unsere Prüfungen ergaben eine Durchlaufzeit im Bereich von zehn Tagen bis hin zu mehreren Wochen. Diese Werte entsprechen in keiner Weise unseren Programmen zur Kundenzufriedenheit und Kundenbindung. Der Mitbewerb und die aktuelle wirtschaftliche Situation erfordern eine sofortige Verbesserung dieser Kennzahlen.*

- *Ein großes Potential unseres Unternehmens liegt in der Art und Weise, wie Kundenkontakte abgewickelt werden. Gerade in diesem Bereich werden wir uns in Zukunft in positivster Weise vom Mitbewerb unterscheiden. Basis für diese Entwicklung bietet das Projekt 'Complaint to Compliment' (engl. Beschwerde in ein Kompliment wandeln). Die Abkürzung c2c symbolisiert unser vorrangiges Ziel Kundenbeschwerden nicht nur zu verringern, sondern diese in Komplimente für unser Unternehmen umzuwandeln. c2c steht auch für Consumer to Consumer (engl. Kunde, Vertragspartner). Kunden sind in Zukunft durch unsere Beschwerdeabwicklung derart positiv überrascht, dass diese durch ihre Empfehlungen an andere Kunden zu indirekten Vertriebspartnern werden.*

- *Das Projekt c2c betrifft unmittelbar alle Mitarbeiter unseres Unternehmens. Wir werden für sie in den nächsten Tagen über das Intranetportal eine multimedial aufbereitete Onlineschulung bereitstellen, die sie über sämtliche Details und Kontaktmöglichkeiten informiert.*

- *Gemeinsam werden wir in den nächsten Wochen diese Ziele umsetzen und so den Marktanforderungen entsprechen. Dadurch positionieren wir unser Unternehmen als eines der modernsten und kundenfreundlichsten Anbieter für Kommunikationslösungen.*

4.2 Ein weißes Blatt Papier

Eine Analyse eines Beschwerdefalls der letzten drei Monate listete fünf Kontaktaufnahmen seitens des Kunden, drei initiierte Beschwerde-Geschäftsfälle und 28 intern generierte Nachrichten auf. In Summe waren an der konkreten Bestellung sieben Mitarbeiter tätig, es wurden 120 Euro an Gutschriften ausgegeben und die Abwicklung dauerte mehr als drei Monate. Der Wert der vom Kunden beanstandeten defekten Hardware, einem USB-Modem, beträgt im Einkauf weniger als 25 Euro.

Mit diesem konkreten Fall begann das Reengineering Team die erste Sitzung. Dieses Team wurde vom Prozessverantwortlichen im Auftrag des Leaders (engl. Führungsperson) zusammengestellt und einberufen. Der Leader, ein Mitglied der Geschäftsführung, ernannte nach dem Bekanntwerden der Dysfunktionalität des Beschwerdeprozesses einen Hauptverantwortlichen für den Unternehmensprozess und beauftragte diesen mit dem Redesign.

Das sechsköpfige Reengineering-Team bestand aus vier Mitarbeitern des Unternehmens, einem unabhängigen externen Berater und einem Kunden des Unternehmens. Dieses Kernteam wurde von einem äußeren Ring von Teilzeitmitarbeitern durch spezialisierte Beitragsarbeiten sowie vom Lenkungsausschuss und einem Reengineering-Zar unterstützt.

Eine Ist-Aufnahme des Kernprozesses zur Abwicklung von Kundeninterventionen ermöglichte dem Reengineering-Team einen Überblick über die Funktionen und Zusammenhänge. Die vorhandenen Prozessdokumentationen und -visualisierungen zeigten den aktuellen Status, aber auch die Komplexität der bisherigen Vorgehensweise.

Das Team wurde vor allem durch die Einbindung des Kunden und dessen konkrete Erfahrungen sowie in Gesprächen mit betroffenen Mitarbeitern schnell auf die vorhandenen Mängel aufmerksam und hielt folgende Ausgangssituation fest:

- Es gibt eine Unternehmens- aber keine Kundensicht
- Zu hohe Durchlaufzeiten und Schnittstellen
- Mehrere Ansprechpersonen pro Kunde
- Keine einheitliche Vorgehensweise in Bezug auf Abläufe und Dokumentation
- Es existieren keine Richtlinien für Gutschriften
- Es werden unnötig viele Geschäftsfälle produziert
- Unzufriedene Kunden aber auch Mitarbeiter
- Keine Analysen der negativen Auswirkungen

4.3 Radikales Redesign

Beim Redesign wurden mehrere Faktoren berücksichtigt: Jeder Mitarbeiter des Unternehmens verfügt über einen Intranetzugang, Außendienstmitarbeiter im direkten Kundenkontakt verwenden Handhelds mit Zugang zum Unternehmensnetzwerk und es gibt ein integriertes Anwendungssystem zur Geschäftsprozessabwicklung im Unternehmen. Erfasst werden in Zukunft alle Feedbacks (engl. Rückmeldungen) der Kunden, sowohl positive als auch negative. Kern des Reengineering ist, dass es für Kunden zukünftig möglich ist, ihr Feedback an sämtliche Mitarbeiter der Organisation zu richten. Dies kann mittels E-Mail, Brief, Fax, Telefon oder im persönlichen Gespräch erfolgen. Diese sind unabhängig von ihrer Position oder Funktion im Unternehmen verpflichtet, derartige Kundenbeschwerden oder -komplimente entgegenzunehmen. Ein Verweis des Kunden an eine andere Abteilung, Person oder Rufnummer ist nicht zulässig.

Mit dem Zeitpunkt der Kontaktaufnahme des Kunden mit dem Mitarbeiter wird dieser zu einem temporären Casemanager für den aktuellen Fall und bildet bis zur vollständigen Finalisierung den Single Point of Contact (engl. zentrale Anlaufstelle, kurz SPOC) für den Kunden. Einzige Ausnahme bilden hier Großkunden und einige wenige juristische Fälle. Bei Identifizierung eines solchen, wird der Fall automatisch dem Key-Account-Manager des Kunden zugewiesen bzw. übernimmt ein ausgebildeter Jurist des Caseteams die Rolle des Casemanagers.

Unterstützt wird diese Vorgehensweise durch folgende Maßnahmen:

– Zentrale Eingabe: Alle Mitarbeiter des Unternehmens haben die Möglichkeit über eine webbasierende Applikation Feedback entgegenzunehmen. Dazu wird im Intranetportal bzw. auf den Startseiten der Handhelds eine c2c-Applikation implementiert, die eine einfache aber effiziente Eingabe ermöglicht. Sowohl die Kunden als auch die Mitarbeiter des Unternehmens werden eindeutig identifiziert, die Daten werden innerhalb des integrierten Anwendungssystems an den entsprechenden Workflow übergeben.

– Im Fall einer Beschwerde erhält der Kunde umgehend nach Eingabe eine Nachricht mit einer eindeutigen Identifikationsnummer und einer verbalen Beschreibung seines Anliegens übermittelt. Diese Informationsübermittlung erfolgt in einer mit dem Kunden vereinbarten Art und Weise. Die Identifikationsnummer der Kundenbeschwerde bildet einen Code für eine Statusabfragemöglichkeit des Kunden via Internet und zugleich eine Rufnummer (zeitlich begrenzt gültige Durchwahl einer Call-Center Anlage), um direkt den Casemanager kontaktieren zu können. Code und Rufnummer sind bis zur Finalisierung des Falls gültig.

– Ein dauerhaft eingerichtetes Caseteam wickelt alle einlangenden Beschwerden ab. Zur effizienten Abwicklung der Beschwerdefälle werden diese nach der Triage-Idee (vgl. Kapitel 3.2) in drei Bereiche unterteilt:

  – Juristische Belange (Leitungsrecht, Behörden, Ämter, ...)

  – Rechnungs- und Zahlungsbelange

  – Geschäftsabwicklungsbelange (Montage, Termine, Feedback, ...)

Das Caseteam bildet eine geschlossene Einheit, Weiterleitungen an andere Abteilungen oder Aktenläufe sind nicht vorgesehen. Dem Team stehen Abfragemöglichkeiten zu allen relevanten Systemdaten zur Verfügung. Sämtliche Änderungen des Status eines Beschwerdefalls sind unmittelbar online abzufragen und werden dem temporären Casemanager über die c2c-Applikation mitgeteilt, der wiederum den Kunden informiert.

- Empowerment: Mitarbeiter im Außendienst und unmittelbarem Kundenkontakt werden speziell für Beschwerdeabwicklung geschult und erhalten über die c2c-Applikation die Möglichkeit, einen Beschwerdefall, der im Rahmen der eigenen Möglichkeiten abgewickelt werden kann, selbst zu lösen. Sei es durch Hilfestellungen vor Ort oder durch Vergabe von Gutschriften auf kommende Abrechnungen. Die Vergabe einer Gutschrift erfolgt durch Eingabe beim Handheld. Die Überweisung an den Kunden erfolgt unmittelbar danach. Eine Prüfung ist nicht vorgesehen, lediglich Stichproben sollten Missbrauch verhindern. Zeitaufwendungen und Gutschriftenhöhen sind in Richtlinien festgehalten und innerhalb eines Rechnungszeitraums kontingentiert.

- Sämtliche Kundenfeedbackdaten stehen den Stakeholdern durch eine zentrale Datenhaltung im Datawarehouse (DWH) zur Verfügung. Reports ermöglichen eine rasche Einschätzung der Situation und liefern Daten für ein mögliches Verbesserungspotential.

4.4 Review – Die Verbesserung um ein Vielfaches

Durch die Abkehr von bestehenden Vorgehensweisen und die Methode des Empowerments erzielt das Unternehmen eine Verbesserung im Bereich des Beschwerdemanagements im zweistelligen Prozentbereich. Die ambitionierten Ziele wurden durch kreative Ideen und den Einsatz moderner Hard- und Software möglich:

- Hohe Lösungsorientierung

- One Face to the Customer (engl. ein Ansprechpartner für den Kunden) Prinzip

- Extrem verkürzte Durchlaufzeiten

- Steigerung der First Contact Solution (engl. Erstkontaktlösung) Rate

- Reduktion der Folgekontakte, Verringerung von unnötigen Geschäftsfällen

- Erfassung von Kundenfeedback unter einem Begriff und Definition

- Reduktion der Komplexität bei Wiedergutmachungsoptionen

- Transparenz durch zentrale Datenhaltung und Schnittstellenminimierung

- Verbesserte Kundenprofile

Tabelle 2 zeigt eine Übersicht des finanziellen Nutzens der getroffenen Maßnahmen. Die Kündigungen als finale Folge von Beschwerden konnten um 30 % reduziert werden, die Anzahl der notwendigen Kundenkontakte und dadurch erforderlicher Geschäftsfälle wurde um 25 % reduziert.

Folgende Durchschnittswerte wurden für die Berechnung herangezogen: Ein monatliches Durchschnittsentgelt von 160 Euro für Businesskunden und 25 Euro für Privatkunden sowie eine Anzahl von vier notwendigen Kontaktaufnahmen bei Businesskunden bzw. drei bei Privatkunden mit einer durchschnittlichen Dauer von 20 Minuten.

Kundenbeschwerden und Kündigungen

Geschäftsjahr		Kundenbeschwerden		Kündigungen	
2009	Business	23.500	29%	1.200	20%
	Residential	58.000	71%	4.800	80%
		81.500	100%	6.000	100%

Sollziel: Reduktion der Folgekündigungen um 30%

Kündigungen		Reduktion		Entgelt *	Potential **
1.200	20%	- 30%	360	€ 160,00	€ 691.200,00
4.800	80%	- 30%	1.440	€ 25,00	€ 432.000,00
6.000	100%	- 30%	1.800		€ 1.123.200,00

* pro Monat   ** pro Jahr

Kundenkontakte in Zusammenhang zu Beschwerden

Geschäftsjahr		Kundenbeschwerden	Schnitt	Anzahl
2009	Business	23.500	4	94.000
	Residential	58.000	3	174.000
		81.500		268.000

Sollziel: Reduktion der Kundenkontakte um 25%

Anzahl	Dauer *	Kosten (0,48€ / min)	Reduktion	Potential **
94.000	20	€ 846.000,00	- 25%	€ 211.500,00
174.000	20	€ 1.670.400,00	- 25%	€ 417.600,00
268.000				€ 629.100,00

* in Minuten   ** pro Jahr

Gesamter Nutzen   € 1.752.300,00

Tabelle 2: Potential monatliches Entgelt

Obwohl die dynamischen Erlöse aus den Gesprächs- und Datentarifen bei dieser Nutzenberechnung nicht berücksichtigt wurden, zeigt der Wert von 1,75 Millionen Euro, dass dieses Business Reengineering Projekt rasche und positive Effekte erzielen konnte.

Eine Reihe von vorteilhaften Nachwirkungen, wie eine verbesserte Prozessqualität, ein Imagegewinn, optimierende Maßnahmen durch laufendes Monitoring sowie die gesteigerte Mitarbeiterzufriedenheit, wurden bei der Nutzenanalyse ebenfalls nicht berücksichtigt.

5 Innovation anstatt Automatisierung – Die Rolle der Informationstechnologie

Die Informationstechnologie (IT) ist ein wesentlicher Faktor des Business Reengineering. Wird diese in ihrer modernen Form und auf dem neuesten Stand der Technik eingesetzt, so ermöglicht sie gänzlich neue Formen von Geschäftsprozessen. Erfolgt ihr Einsatz aber als Werkzeug zur Automatisierung und Beschleunigung von vorhandenen Abläufen, wird Business Reengineering erschwert oder sogar verhindert, da alte Muster und Verhaltensweisen in der Abwicklung von Prozessen verstärkt werden (vgl. Simon, 2000, S.215).

5.1 Induktives Denken

Hammer und Champy kritisieren das deduktive Denken (Deduktion = lat. Herabführung) vieler Manager, also die Schlussfolgerung vom Allgemeinen auf das Besondere. Für einen kreativen Einsatz von Informationstechnologie muss aber induktives Denken (Induktion = lat. Hinführung) eingesetzt werden. Induktives Denken befähigt Lösungen zu erkennen und erst danach jene Probleme zu eruieren, die damit gelöst werden können. Betriebliche Probleme sollten nicht der Ausgangspunkt für Projekte sein, sondern technische Innovationen bilden den Anlass, Probleme, die sich mit deren Hilfe lösen lassen, aktiv im Unternehmen zu suchen.

Zwei Beispiele: In den späten fünfziger Jahren führte die Firma Xerox Grundlagenforschungen für die Herstellung von kommerziellen Kopierern durch. Da sich das Unternehmen unter starkem finanziellen Druck befand, wurden der Firma IBM sämtliche Patente dieser Forschungen zum Kauf angeboten. IBM führte daraufhin eine Marktstudie durch, die zum Schluss kam, dass, auch wenn alle vorhandenen Kopieranlagen durch diese neuen Geräte ersetzt würden, sich die Investition nicht amortisieren. Entgegen der negativen Studie führte Xerox das Projekt im eigenen Haus weiter. Heute ist klar, dass hier ein Markt geschaffen wurde, der zuvor nicht existierte. Es galt nicht von einem Dokument einen Durchschlag anzufertigen, sondern nun war es möglich eine Vielzahl von Kopien schnell und kostengünstig herzustellen.

Das zweite Beispiel stammt von Sony. Das Unternehmen kam zu dem Schluss, dass Marktstudien von einem nicht existenten Produkt sinnlos sind. Kein Mensch hätte sich vorstellen können, ein portables Gerät mit sich herumzuführen, das der Wiedergabe von Musik dient. Sony hatte sich mit der Einführung des 'Walkman' nicht an die üblichen Gewohnheiten des Musikhörens angepasst, sondern hat diese gänzlich neu definiert. Mittlerweile ist der Begriff 'Walkman' keine reine Produktbezeichnung mehr sondern ein sogenannter Gattungsname, der herstellerunabhängig verwendet wird (vgl. Hammer et. al., 2003, S.113 ff).

Es geht beim induktiven Denken um die Frage, welche neuen Dinge unter Zuhilfenahme der Informationstechnologie realisiert werden können und nicht darum neue Techniken einzusetzen, um vorhandene Arbeitsweisen zu verbessern.

5.2 Destabilisierungsfaktoren

Im Zuge eines Business Reengineering Projekts werden durch den Einsatz der Informationstechnologie viele Regeln der Arbeitsorganisation gebrochen. Hammer und Champy führen dazu einige Beispiele der Destabilisierung auf. Diese sind unter anderem:

- Alte Regel: Informationen sind zu einem bestimmten Zeitpunkt immer nur an einem Ort verfügbar.

Destabilisierende Technologie: Gemeinsam genutzte Datenbanken

Neue Regel: Informationen können gleichzeitig an beliebig vielen Orten genutzt werden.

Beispiel: In einem Versicherungsunternehmen berechnet der Sachbearbeiter A die Prämie eines Versicherungsnehmers, während Sachbearbeiter B eine Bonitätsprüfung desselben vornimmt.

- Alte Regel: Nur Experten können komplexe Arbeiten übernehmen.

Destabilisierende Technologie: Expertensysteme

Neue Regel: Ein Generalist kann die Arbeit eines Experten übernehmen.

Beispiel: Alle Kundendienstmitarbeiter eines Unternehmens werden mit einem Expertensystem ausgerüstet, das ihnen Ratschläge in Bezug auf Produktmerkmale und -beziehungen gibt. Durch ein solches System ist jeder Mitarbeiter mittels Cross Selling (engl. Quer- oder Kreuzverkauf) in der Lage, bei jeder Kundenanfrage auch andere Produkte anzubieten.

- Alte Regel: Unternehmen müssen zwischen Zentralisation und Dezentralisation wählen.

Destabilisierende Technologie: Telekommunikationsnetzwerke

Neue Regel: Unternehmen können gleichzeitig die Vorteile der Zentralisation und der Dezentralisation ausschöpfen.

Beispiel: Ein Unternehmen mit einer sehr stark dezentralisierten Materialbeschaffung kann Mengenrabatte für Großaufträge nicht in Anspruch nehmen. Eine generelle Zentralisierung des Einkaufs hätte nicht die Lösung des Problems bedeutet, sondern durch mangelnde Reaktionsfähigkeit und erhöhte Bürokratie neue geschaffen. Ein erfolgreiches Lösungskonzept besteht darin, dass die einzelnen Divisionen ihre Bestellungen nach eigener Bedarfsermittlung durchführen. Ermöglicht wird dies durch Einsatz eines Softwaresystems, das diese einzelnen Bestellungen in ein gemeinsames System überführt. Eine zentrale Einkaufssteuerung handelt auf dieser Basis Blockverträge und Mengenrabatte aus. Die dezentralen Divisionen erteilen anschließend an diese Vertragslieferanten die notwendigen Lieferaufträge.

5.3 Business Reengineering mit Standardsoftware

Ein erfolgreiches Business Reengineering ist stets eng mit dem Fortschritt der Informationstechnologie verbunden. Einerseits als Unterstützung für die Beschreibung und Analyse der Geschäftsabläufe, andererseits als Werkzeug zur Abwicklung der reorganisierten Prozessabläufe. Doch im Gegensatz zur Effizienzsteigerung durch einen Einsatz von rechnergestützten Systemen in der herkömmlichen Produktion blieb die durchgehende Integration von Informationstechnologie in den Einsatzgebieten der serviceorientierten Bereiche meist ein Konglomerat aus unzusammenhängenden Anwendungen. Genau an diesem Punkt kommt das Konzept der Standardsoftwareprodukte zum Einsatz. Ein Beispiel dafür ist das System der Firma SAP mit der Softwaregeneration R/3. SAP R/3 bietet für nahezu alle Unternehmensbereiche eine integrierte und funktional komplette betriebswirtschaftliche Lösung.

Das R/3 System zeichnet sich dadurch aus, dass die einzelnen Funktionsmodule derart leistungsstark ausgebildet sind, dass diese durch Customizing (engl. Kundenanpassung) an unterschiedliche Prozessabläufe angepasst und für zukünftige Anforderungen konfiguriert werden können. Der umgekehrte Ansatz, eine Optimierung durch getrennt entwickelte Anwendungssysteme für die einzelnen Prozesse zu erreichen, scheitert in der Führung und Haltung von parallelen und aufeinander nicht abgestimmten Datenbeständen.

Ein weiterer Vorteil des SAP R/3 Systems ist das implementierte Referenzmodell als Basis für eine optimierte Geschäftsprozessgestaltung. Dieses Modell stellt die gesamte Wissensbasis über die Funktionalität und den integrierten Geschäftsprozessen in Form von Modellbildern zur Verfügung. Auf dieser Basis sind Unternehmen wesentlich schneller in der Lage, die unternehmensspezifischen Geschäftsprozesse festzulegen und abzubilden (vgl. Brenner et. al., 1995, S.69 ff).

6 Erfolgreiche Fallbeispiele aus der Praxis

Der Erfolg von Business Reengineering liegt im Wissen und Können der handelnden Personen. Vielen Unternehmen gelang es nicht, weitreichende Veränderungen sowie merkliche Leistungssteigerungen zu erzielen. Selbst Hammer und Champy sprechen davon, dass 50 bis 70 % der begonnenen Reengineering-Projekte nicht die gewünschten Resultate erzielen konnten (vgl. Hammer et. al., 2003, S.260).

Jene Unternehmungen, die aber die Herausforderungen erfolgreich bewältigen konnten, zeigten einen signifikanten Anstieg ihrer Wertschöpfung. Nachfolgend werden vier Fallbeispiele für ein gelungenes Business Reengineering vorgestellt:

6.1 IBM Credit Corporation

Die IBM Credit Cooperation ist eine Tochter von IBM. Sie gewährt Kundendarlehen für den Kauf von Hardware, Software und Dienstleistungen aus dem Hause IBM. Innerhalb von IBM erfährt dieser Prozess eine hohe Wertschätzung, da diese Finanzierung ein hochprofitables Geschäft darstellt.

Der Prozess einer Kreditgewährung erfolgte in fünf Schritten und nahm im Schnitt sechs bis zehn Tage in Anspruch. Erfolgte eine Finanzierungsanfrage eines IBM-Mitarbeiters, so wurde einer von vierzehn Kollegen kontaktiert. Dieser protokollierte den entgegengenommenen Anruf auf einem Formblatt. Im zweiten Schritt wurde dieses Papier ein Stockwerk höher in die Kreditabteilung gebracht. Hier gaben Mitarbeiter die Daten in ein EDV-System ein und prüften die Bonität des Kunden. Das Ergebnis war ein weiteres Formblatt, das an die Vertragsabteilung übergeben wurde. Diese Abteilung passte im dritten Schritt einen Standarddarlehensvertrag an die Gegebenheiten des Kunden an. Dazu kam ein eigenes EDV-System zum Einsatz. Anschließend wurde der angepasste Vertrag an die vorhandenen Unterlagen angefügt. Ein für die Preisermittlung zuständiger Mitarbeiter berechnete im vierten Schritt die Zinssätze mit einem Kalkulationsprogramm und fügte das Ergebnis an die bestehenden Formulare. Der letzte Schritt bestand darin, den gesamten Akt an eine Gruppe von Büroangestellten zu übergeben.

Die Durchlaufzeit des gesamten Prozesses dauerte viel zu lange, da sie dem Kunden Gelegenheit gab, sich um Alternativen umzusehen. Für die Außendienstmitarbeiter war es nicht möglich den Status der Anfrage abzufragen und niemand wusste, wo sich der Antrag des Kunden befand.

Zwei hochrangige Führungskräfte von IBM Credit setzten sich im Zuge eines Brainstormings mit dem Prozess auseinander. Sie begleiteten persönlich einen Finanzierungsantrag durch alle fünf Prozessschritte. Die Mitarbeiter wurden gebeten, den vorliegenden Antrag ohne Verzögerung zu bearbeiten. Dabei stellte sich heraus, dass die eigentliche Auftragsbearbeitung in Summe lediglich 90 Minuten in Anspruch nahm. Die restliche Zeit von mehreren Tagen entfiel auf die interne Weitergabe von einer Abteilung zur nächsten.

Im Zuge eines Business Reengineering Projekts wurden die Spezialisten (Kreditprüfer, Zinsexperten, ...) durch Generalisten ersetzt. Ein Auftrag wurde von ein und demselben Mitarbeiter, dem 'Deal Structurer', abgearbeitet. Weiterleitungen oder Übergabeprozeduren fielen zur Gänze weg. Entgegen der vorherrschenden Annahme war ein Großteil der Anträge einfach und problemlos als Routinefall abzuwickeln. Der alte Prozess war hingegen auf die schwierigen und diffizilen Fälle abgestimmt worden.

Die 'Deal Structurer' wurden durch benutzerfreundlich gestaltete Computersysteme unterstützt, die die gleichen Zugriffsmöglichkeiten und Werkzeuge boten, wie sie auch von den Spezialisten verwendet wurden. In heiklen Fällen stand dem 'Deal Structurer' ein kleines Team von Spezialisten zur Seite. Auch hier wurden Übergaben vermieden, da sich diese ebenfalls im gleichen Team befanden.

Letztendlich konnte eine Leistungssteigerung um das Hundertfache erzielt werden. Die Anzahl der bearbeiteten Anträge stieg um ein Vielfaches und die Bearbeitungszeit sank trotz geringerer Anzahl der Mitarbeiter auf durchschnittlich vier Stunden.

6.2 Ford Motor Company

Die Firma Ford Motor Company plante ein Programm zur Senkung der Gemein- und Verwaltungskosten im Bereich der Kreditorenbuchhaltung. Durch den Einsatz von Computern rechnete man mit einem Einsparungspotential von 20 Prozent. Die Mitarbeiteranzahl sollte von 500 auf 400 gesenkt werden. Dieses Sparpotential erschien dem Management als Erfolg, bis zu dem Zeitpunkt, als sich Ford an dem Autohersteller Mazda beteiligte. Mazda beschäftigte für denselben Aufgabenbereich lediglich fünf Mitarbeiter. Obwohl ein kleineres Unternehmen, erschien das Verhältnis von 500:5 zu extrem, um es auf den Größenunterschied oder die Mitarbeitermotivation zurückzuführen.

Wie war der bestehende Beschaffungsprozess strukturiert? Die Einkaufsabteilung schickte eine Bestellung an einen Lieferanten. Parallel dazu wurde eine Kopie an die Kreditorenbuchhaltung übermittelt. Mit dem Eintreffen der Warenlieferung erstellte ein Mitarbeiter des Wareneingangs eine Liste mit allen Lieferteilen. Diese Liste erging nun zugleich mit der Rechnung des Lieferanten an die Kreditorenbuchhaltung, deren Aufgabe darin bestand, die drei Dokumente auf Vollständigkeit der Lieferung abzugleichen. Erst dann wurde die Rechnung des Lieferanten beglichen.

Diese Vorgehensweise stellte sicher, dass die Lieferung der Bestellung entsprach. Der Prozess schien auch zu funktionieren, solange es nicht zu Unstimmigkeiten kam, denn die Rekonstruktion von Abweichungen der Lieferung zur Bestellung oder zur Rechnung war kompliziert und nahm sehr viel Zeit in Anspruch.

Das Management veranlasste daraufhin eine radikale Umstellung des Prozesses. Der Einkäufer gibt nun im Zuge einer Bestellung an einen Zulieferer die Daten in eine Datenbank ein. Wird die Ware geliefert, vergleicht derselbe Mitarbeiter die Liefereinheiten mit den Onlinedaten. Im

Fall einer Übereinstimmung bestätigt dies der Mitarbeiter des Einkaufs und löst damit die Zahlung der Rechnung aus. Stimmt die Lieferung nicht überein, wird deren Annahme verweigert und die Waren gehen an den Lieferanten zurück. Diese Form des Empowerments und der kreative Einsatz von Informationstechnologie führte zu einer Reduktion der Mitarbeiter von 500 auf 125. Dokumentenvergleiche, Nachforschungen, Wiedervorlagen und Zahlungsanweisungen gehören der Vergangenheit an.

Das Beispiel von Ford zeigt, dass ein Infragestellen von festgefahrenen Annahmen eine entscheidende Technik im Rahmen eines Business Reengineering ist. Michael Hammer bezeichnet dieses Verfahren als 'question assumptions' (engl. Hinterfragen von Annahmen). Im Beispiel von Ford wurden folgende grundlegenden Regeln verworfen:

- Zahlungen werden nur aufgrund von Rechnungen veranlasst

- Rechnungen sind so spät als möglich zu begleichen

- Die Genehmigung von Zahlungsanweisungen ist Aufgabe der Administration

6.3 Gate Gourmet Genf

Das Unternehmen Gate Gourmet mit Hauptsitz in Balsberg (Schweiz) ist nach eigenen Angaben das größte unabhängige Catering- und Dienstleistungsunternehmen für Fluggesellschaften und Eisenbahnen. Das Unternehmen ist auf fünf Kontinenten und in 26 Ländern aktiv und produziert unter anderem 200 Millionen Mahlzeiten pro Jahr.

Bis zum Jahr 2002 war Gate Gourmet als eine Abteilung innerhalb des Swissair-Konzerns aufgestellt. Im Zuge von Outsourcing Aktivitäten und der Konzentration auf das Kerngeschäft wurde unter anderem auch dieser Catering-Bereich von Swissair als ein eigenständiges Unternehmen an eine US-Investorengruppe verkauft. Deregulierung, zunehmender Kostendruck und eine generelle Wirtschaftsflaute erforderten vom neuen Management Maßnahmen, um am Markt bestehen zu können, denn als ein regionales Cateringunternehmen wäre man gegenüber global agierenden Unternehmungen nicht konkurrenzfähig gewesen. Die Reduzierung der Mahlzeiten in den Kurzstreckenbereichen Europas und in den USA sowie die durch die Ökologisierung gesteigerten Recycling- und Entsorgungskosten verschärften die Situation zusätzlich.

Dies war die Basis für ein umfangreiches Reengineering Projekt der Gate Gourmet Unternehmensleitung. In einem ersten Schritt stellte man sich die Frage, welche Aufgabe ein Catering-Dienstleister eigentlich zu erfüllen hat. Die besteht darin, die Verpflegung der Passagiere an Bord sicherzustellen. Gerade der Servicebereich ist für Fluggesellschaften eine der wenigen Möglichkeiten sich von der Konkurrenz zu unterscheiden und hat somit einen hohen Stellenwert. Zusätzlich versorgt das Catering-Unternehmen ein Flugzeug mit Gegenständen wie Handtüchern, Einreiseformularen, Zeitungen – in Summe bis zu 20.000 Artikel.

Es folgte die Entwicklung einer Prozessvision. Diese zeigte eine völlige Umkehr der eigentlichen Kernkompetenz des Unternehmens: Gate Gourmet ist kein 'Gastronom der Luft', sondern ein hochkomplexes Logistikunternehmen, dessen Aufgabe es ist, gewünschte Leistungen zeitgerecht, in der richtigen Menge und in optimaler Qualität an Bord zu bringen. Die bestehende funktionale Organisationsform mit Fokus auf den Bereich der Essenszubereitung war für diese Vision aber nicht geeignet. Das Unternehmen wurde gänzlich neu strukturiert und in drei waagrecht verlaufende Kernprozesse und einen Supportprozess gegliedert. Human Resources, Financial Services, Supply Management und das General Management blieben daneben als Zentralbereiche erhalten.

Dem neuen Kernprozess 'Equipment Handling' obliegt nun die Gesamtverantwortung für die Be- und Entladung der sogenannten Trolleys (Materialcontainer). Gemäß der Triage-Idee (vgl. Kapitel 3.2) wurden für die Anforderungen einzelner Fluggesellschaften unterschiedliche Prozessvarianten differenziert. Der Prozess 'Goods Supply & Preperation' wurde als Supportprozess eingerichtet, da dieser keinen unmittelbaren Kundenkontakt hat. Er ist für die Lieferung und Bereitstellung der Mahlzeiten und anderer Artikel zuständig. Der Großteil der Essenszubereitung und Getränkebereitstellung wurde an externe Dienstleister ausgelagert. Diese beliefern aber kein Zentrallager, sondern die zuständigen Teams selbst. Der 'Customer Service' Prozess bildet die 'One-Face-to-the-Customer' Schnittstelle und liegt als Informationsabwicklungsbereich deckungsgleich über dem 'Equipment Handling' Prozess. In diesem Prozess werden auch sämtliche Dienstleistungen der Informationstechnologie integriert. Der dritte und kleinste Prozess wird als 'Executive Flights' bezeichnet und von einem Caseteam als Profit-Center geführt, um alle Spezial- und Sonderwünsche abzudecken.

6.4 Wal-Mart

Wal-Mart Stores Inc. ist ein amerikanischer Einzelhandelskonzern. Wal-Mart beschäftigt weltweit als einer der größten Arbeitgeber rund zwei Millionen Mitarbeiter und beherrscht einen großen Teil des amerikanischen Markts. 2007 verzeichnete das amerikanische Wirtschaftsmagazin Fortune Wal-Mart als umsatzstärkstes Unternehmen der Welt.

Ein Partner des Einzelhandelskonzerns ist die Firma Procter & Gamble, die unter anderem als Zulieferer von Wegwerfwindeln der Marke Pampers agiert. Für das Management bestand ein großes Problem darin, dass die Windeln sehr viel Lagerfläche beanspruchten, ihr Wert aber verhältnismäßig gering war.

In einem Reengineering Projekt stellte man die Ablaufprozesse dahingehend um, dass nicht Wal-Mart selbst die Bestände in den Distributionszentren verwaltet und überwacht, sondern diese Aufgabe an den Hersteller delegiert wurde. In einer ersten Testphase teilte Procter & Gamble dem Kunden Wal-Mart mit, welche Stückzahlen zu ordern wären. Da diese Vorgehensweise über einen längeren Testzeitraum funktionierte, wurde in einem nächsten Schritt die Liefermenge gänzlich dem Hersteller überlassen. Somit war Procter & Gamble in der Lage selbst zu bestimmen, welche Liefermengen notwendig waren und auch die interne Produktion entsprechend abzustimmen.

Hier erfolgte somit eine unternehmensübergreifende Ausweitung eines Lieferprozesses vom Hersteller über den Distributor und letztendlich dem Kunden. Durch diese Neugestaltung eines Prozesses entstehen dem Kunden Wal-Mart keine Kosten aus der Verwaltung der Lagerhaltung, Über- bzw. Unterbestände wurden seltener und die frei gewordenen Lagerflächen konnten für anderweitige Produkte genutzt werden. Die Vorteile für den Hersteller liegen in einer Effizienzsteigerung bei der Produktion und Logistik. Durch genaue Kenntnis der Nachfragemenge konnten die internen Herstellungs- und Lieferprozesse optimiert werden. Die Lieferungen erfolgen nun nicht mehr in großen Mengen und in unregelmäßigen Abständen, sondern regelmäßig und im bedarfsgerechten Umfang. Wegwerfwindeln sind hier nur ein kleines Beispiel aus der Produktpalette des Konzerns. Alleine im Jahr 2009 wurden laut Wal-Mart Annual Report die Lagerkosten im US-Markt um 1,8 Milliarden Dollar gegenüber dem Vorjahr reduziert.

7 Bombenwurf- vs. Evolutionsstrategie

In diesem abschließenden Kapitel werden die beiden gegensätzlichen Konzepte zur Unternehmenstransformation anhand der im Kapitel 6 angeführten Fallbeispiele einem Vergleich unterzogen: Die von Hammer und Champy favorisierte Bombenwurf- oder auch Revolutions-Strategie sowie die Evolutions- bzw. Organisationsentwicklungsstrategie.

Was wäre passiert, hätte IBM Credit den Prozess der Kreditgewährung nicht vollkommen neu gestaltet, sondern nur verbessert? Der evolutionäre Versuch die Übersicht der Antragsabwicklung zu gewährleisten, hätte darin bestanden, einen sogenannten Kontrolltisch einzurichten. Die einzelnen Abteilungen würden die Formulare nicht an die nächste Abteilung weiterreichen, sondern diese mit einem Vermerk für den Abschluss des eigenen Aufgabenbereichs an den Kontrolltisch zurückgeben. Somit wäre der Mitarbeiter des Kontrolltisches jederzeit in der Lage gewesen, Auskunft über den Status des Antrags zu geben. Leider würde dadurch die Durchlaufzeit der einzelnen Anträge nochmals um weitere Tage erhöht. Der Versuch den Prozess bei den einzelnen Bearbeitern zu beschleunigen, hätte nur einen minimalen Zeitgewinn gebracht, denn das eigentliche Problem – die Weitergabe der Anträge an die nächste Abteilung, egal ob in Papier- oder digitaler Form – wäre dadurch unbeeinflusst geblieben. Dank Business Reengineering verkürzte IBM Credit die Durchlaufzeit derart, dass die Kunden nur noch wenige Stunden Zeit hatten, sich um alternative Finanzierungsquellen umzusehen, weshalb die IBM Credit finanzierten Kundenkäufe stetig zunahmen.

Hätte die Firma Ford Motor Company den Kreditorenbuchhaltungsprozess auf herkömmliche Weise angepasst, so wäre eine Verbesserung um 20 Prozent möglich gewesen. Der Vergleich mit Mazda hat aber dem Management gezeigt, dass in diesem Fall ein Herangehen auf Basis einer deduktiven Denkweise (vgl. Kapitel 5.1) nicht das Potential gehabt hätte, den Prozess um Größenordnungen zu verbessern. Durch die Auflösung von bestehenden Strukturen und einer induktiven Problemsuche konnten Mängel behoben werden, die zuvor nicht als solche gesehen wurden, sondern als Richtlinien und Gegebenheiten definiert waren.

Gate Gourmet wäre ohne eine radikale Änderung seiner Kernprozesse und ohne die völlige Umstrukturierung der funktionalen Organisation als reines Catering Unternehmen am Markt nicht bestandsfähig gewesen. Der Business Reengineering Prozess verhalf dem Unternehmen zum Weltmarktführer im Bereich Catering- und Dienstleistungsunternehmen für Fluggesellschaften und Eisenbahnen.

Das eindrucksvollste Beispiel ist der Wal-Mart Konzern. Das moderne Konzept der unternehmensübergreifenden Ausweitung der Geschäfts- und Lieferprozesse zeigt, welches Potential in der Überwindung von althergebrachten Arbeitsweisen liegt. Wal-Mart ist eines jener wenigen Unternehmen, das die Vorteile der modernen Informationstechnologie erkannt hat, um die Reorganisation des gesamten Konzerns voranzutreiben. Neue Technologien, wie zum Beispiel RFID (Radio Frequenz Identifikation), werden getestet, um Bestell- und Zahlungsprozesse zu vereinfachen, unkonventionelle Ideen wie die 'Drive-through pharmacies' (engl. Apotheke mit Auto-Schalter) erfüllen Kundenbedürfnisse, die zuvor nicht nachgefragt wurden. Wal-Mart pflegt das Image eines lokalen Nahversorgers und ist dennoch eines der effizientesten Logistikunternehmen in den Vereinigten Staaten. Der Leitspruch 'Getting Smaller to Get Bigger' (engl. werde kleiner um zu wachsen) ist bezeichnend für den ständigen Reengineering Prozess und dem in Kapitel 6.4 erwähnten Mehrwert dieser Maßnahmen.

Eine Analyse der erfolgreichen Beispiele von Business Reengineering zeigt, dass vier Konzepte (vgl. Abbildung 9) die Grundlage von nachhaltigen Veränderungen bilden (vgl. Brenner et. al., 1995, S.27 ff):

- Überwinden der Arbeitsteilung: Durch die Bearbeitung eines Prozesses an möglichst einer Stelle, werden die Rückfragen an Mitarbeiter minimiert, die Verantwortung für den Prozess liegt in einer Hand und die Durchlaufgeschwindigkeit wird erhöht.

- Ersetzen von hierarchischen Strukturen durch Teamarbeit: Dadurch ist der einzelne Mitarbeiter besser in der Lage, zur Verbesserung der Produktivität beizutragen.

- Unternehmensübergreifende Betrachtung von Prozessen: Hier verschwimmen die Grenzen zwischen Kunden und Zulieferern. Diese werden zu Bestandteilen des Prozesses und bilden den Ausgangs- und Endpunkt. Die Geschwindigkeit der Verarbeitung und die Qualität des Informationsflusses werden erhöht und helfen somit die Kosten zu senken.

- Nutzung der Informationstechnologie: Sie bildet ein breites Spektrum zur Verbesserung von Geschäftsprozessen, zum Beispiel durch den Einsatz von Standardsoftware, verbesserte Kommunikationsmöglichkeiten oder dem Aufbau von Wissensdatenbanken.

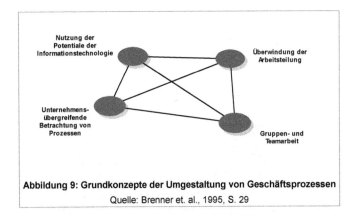

Abbildung 9: Grundkonzepte der Umgestaltung von Geschäftsprozessen
Quelle: Brenner et. al., 1995, S. 29

Wie in Tabelle 3 ersichtlich, wird beim Reengineering Prozess nach der Bombenwurf-Strategie die Transformation von der Unternehmensleitung aus getrieben und entspricht so einem typischen Top-Down Verfahren. Hammer und Champy zeigen in verschiedensten Beispielen, dass der gegenteilige Ansatz, das Bottom-Up Verfahren, infolge mangelnden Wissens des mittleren und unteren Managements über die globalen Unternehmensstrukturen und Zusammenhänge scheitert. Der bei Osterloh angeführten Problematik der 'Gegenrevolution von unten' (vgl. Osterloh et. al., 2003, S.235) wird eine ausführliche und sachliche Information der notwendigen Schritte und Prioritäten entgegengesetzt (vgl. Hammer et. al., 2003, S.218). Reibungsverluste, die durch derartig tiefgehende Wandlungen entstehen, werden bewusst einkalkuliert, da sich andernfalls keine Quantensprünge realisieren lassen. Diese Verbesserungen um ein Vielfaches sind aber notwendig um am Markt bestehen zu können und die Anforderungen der geänderten Marktgegebenheiten abdecken zu können (vgl. Kapitel 2.1).

	Bombenwurf- oder Revolutionsstrategie	Organisationsentwicklungs- oder Evolutionstheorie
Auslöser	Veränderungsbedarf	Anpassungsbedarf
Grundprinzip	Veränderungen werden von der Unternehmensleitung ausgearbeitet und bis zur schlagartigen Implementierung geheim gehalten	Betroffene Organisationsmitglieder werden an den Veränderungsprozessen beteiligt
Umfang der Veränderungen	▫ Radikal, Revolutionär ▫ Erzielen von Quantensprüngen ▫ Konzentration auf Strukturfragen, radikaler Abstand vom Ist-Zustand ▫ Bombenwurf	▫ Moderat, Evolutionär ▫ kontinuierliche, inkrementelle Verbesserung ▫ dauerhafter Lernprozess
Rolle der Unternehmensleitung	▫ logisch-rational definierte Expertenlösung ▫ Geschäftsleitung entscheidet exklusiv über die neue Struktur	▫ Change Agent = Veränderungshelfer: Beratungs- und Unterstützungsfunktion ▫ externe Berater nur als Moderatoren
Rolle der IT	▫ Tragende Rolle ▫ Schaffung der Möglichkeiten	▫ Automatisierung ▫ Rationalisierung
Vorgehensweise	▫ Geheimhaltung der Lösung bis Tag X ▫ Ausschluss der Mitarbeiter und des mittleren Managements (tendenziell Konfliktvermeidung) ▫ Bombenwurf am Tag X ▫ einheitliche Fremdregelung: genaues Vorgehen nach Plan	▫ Betroffene zu Beteiligten machen ▫ Partizipation (tendenziell Konflikthandhabung) ▫ vielfältige Selbstregulierung: Hilfe zur Selbsthilfe
Chancen	▫ Wandel aus 'einem Guss' ▫ radikale Veränderungen ▫ Konzept und Lösung relativ rasch definiert ▫ Zeitvorteil bei Krisensituationen ▫ klar abgegrenzte und definierte Phasen: Konzept- und Umsetzungsphasen sind genau zu charakterisieren	▫ große Lernprozesse für alle Beteiligten ▫ Einbringen der Detail- und Ablaufkenntnisse der Mitarbeiter ▫ kleine Veränderungen wirken 'natürlich' ▫ kleine oder geringe Widerstände bei der Realisation ▫ häufig wenig Anpassungen und Nachbesserungen nötig ▫ durch breit abgestützte Vorbereitungen keine Überraschungseffekte ▫ Veränderungs-Know-how auf allen Stufen gebildet
Gefahren	▫ Akzeptanzprobleme und Widerstände bei den sich übergangen fühlenden Mitarbeitern ▫ Reibungsverluste bis sich die neue Struktur eingespielt hat: häufiges Nachbessern ist nötig ▫ hohe Instabilität während der Umsetzungsphase ▫ keine Lernprozesse für die Mitarbeiter ▫ kurzfristige, schnell eingeführte Verbesserungen können zu Lasten langfristiger Entwicklungen gehen	▫ zeitaufwendige Lösung: bei hoher Umweltdynamik zu langsam ▫ trotz erhöhter Informationsdiffusion längere Phase der Verunsicherung: ständige Unruhe durch 'Herumexperimentieren' ▫ Schwierigkeit, sich von bestehenden Strikturen zu lösen und wirklich eine neue Lösung zu finden ▫ mangelnde Unterstützung durch die Unternehmensleitung

Tabelle 3: Bombenwurf- vs. Evolutionsstrategie

Quelle: Osterloh et. al., 2003, S.238

Abschließend zeigt sich, dass Business Reengineering ein umfangreiches Werkzeug ist, um auf von Dynamik und Flexibilität getriebenen Märkten bestehen zu können. Obwohl es, wie jedes andere Managementkonzept auch, Schwächen und Kritikpunkte aufweist, stärkt es den Fokus auf die Kundenbedürfnisse, fördert Vertrauen und Wertschätzung in einen neuen, veränderten Mitarbeitertypus und bietet Raum für Innovation. Es ermöglicht durch eine prozessorientierte

Ausrichtung der Organisation flexibles und schnelleres Handeln, um so besser auf neue Markt-trends und Potentiale reagieren zu können.

Keinesfalls darf Business Reengineering als eine allgemeingültige Problemlösung gesehen wer-den. Es stellt ein Verfahren dar, das mit Kompetenz und sorgfältiger Planung durchzuführen ist.

Die Welt der Industriellen Revolution weicht der Ära der globalen Wirtschaft, der leistungsstar-ken Informationstechnologie und des erbarmungslosen Wandels. Der Vorhang hebt sich für das Zeitalter des Business Reengineering. Wer sich dieser Herausforderung stellt, wird Mitverfas-ser der neuen Regeln der Wirtschaftsordnung. Dazu bedarf es zweier Voraussetzungen: Der Wille zum Erfolg und der Mut, den ersten Schritt zu wagen (Hammer et. al., 2003, S.278).

8 Anhang

8.1 Kurzbiografie Michael Hammer

Michael Hammer (geboren am 13. April 1948 in Annapolis, Maryland, verstorben am 3. September 2008 in Boston, Massachusetts) war ein US-amerikanischer Wirtschaftswissenschaftler. Er war Mitte der 90er Jahre wesentlich an der Einführung des Business Reengineering Konzepts zur radikalen Umgestaltung von Geschäftsprozessen beteiligt. Michael Hammer studierte am Massachusetts Institute of Technology Mathematik, Elektrotechnik und Informatik.

Nach seiner Promotion 1973 verblieb er am Institut und lehrte Informatik. 1987 wurde Hammer Unternehmensberater, 1993 veröffentlichte er zusammen mit James A. Champy das Buch 'Reengineering the Corporation' (Deutscher Titel: Business Reengineering, Die Radikalkur für das Unternehmen). Er publizierte regelmäßig Artikel in einflussreichen Business Zeitschriften wie dem 'Harvard Business Review' und dem 'The Economist'. Das 'Time-Magazine' nannte ihn als einen der fünfundzwanzig einflussreichsten Personen Amerikas. Für das 'Forbes Magazin' zählt sein Buch 'Reengineering the Corporation' zu den wichtigsten der vergangenen zwanzig Jahre.

8.2 Kurzbiografie James A. Champy

James A. Champy (geboren 1942 in Lawrence, Massachusetts) begann 1959 mit dem Studium der Architektur am MIT Massachusetts Institute of Technology. Er wechselte zur Unterstützung des väterlichen Bauunternehmens den Studiengang und erwarb sowohl einen Bachelor- als auch einen Masterabschluss als Bauingenieur.

Nach dem erfolgreichen Studienabschluss stieg der Amerikaner 1965 nicht ins Berufsleben ein, sondern studierte Rechtswissenschaften und erwarb 1968 die Anwaltszulassung. Champy gilt als einer der geistigen Väter des Business Reengineering Management Konzepts. Vom gemeinsam mit Michael Hammer verfassten Buch 'Reengineering the Corporation' (Deutscher Titel: Business Reengineering, Die Radikalkur für das Unternehmen) wurden mehr als 2,5 Millionen Exemplare verkauft. Neben weiteren Publikationen schrieb er 1996 'The mandate for new leadership' (engl. Der Auftrag für neue Unternehmensführung), das von 'BusinessWeek' als eines der zehn wichtigsten Business Management Bücher eingestuft wurde.

Aktuell ist James Champy Vorsitzender von 'Perot Systems', Vorsitzender und CEO der 'Computer Sciences Corporation', Mitglied der 'MIT Corporation' und Aufsichtsrat von 'Analog Devices, Inc.'.

Literaturverzeichnis

[Brenner et. al., 1995] Brenner W., Keller G.: Business Reengineering mit Standardsoftware. Auflage 1, Campus Verlag (1995)

[Hammer et. al., 2003] Hammer M. / Champy J.: Business Reengineering - Die Radikalkur für das Unternehmen. 7. Auflage, Campus Verlag (2003)

[Neubauer, 2009] Neubauer R.: Business Reengineering Vertiefung. Auflage 2009, FFH Gesellschaft zur Erhaltung und Durchführung von Fachhochschulstudiengängen m.b.H. (2009)

[Österle et al., 2003] Österle H. / Winter R.: Business Engineering - Auf dem Weg zum Unternehmen des Informationszeitalters. 2. Auflage, Verlag Springer (2003)

[Osterloh et. al., 2003] Osterloh M. / Frost J.: Prozessmanagement als Kernkompetenz. 4. aktualisierte Auflage, Gabler Verlag (2003)

[Simon, 2000] Simon H.: Das große Handbuch der Strategiekonzepte. 2. Auflage, Campus Verlag (2000)

[Uni Erlangen] Universität Erlangen-Nürnberg: Revolutionärer Wandel durch Business Process Reengineering. Online: http://www.economics.phil.uni-erlangen.de/bwl/studium/hausarb/mst_hout2.pdf. Zugriff am 06.03.2010

[Vahs, 2007] Vahs D.: Organisation - Einführung in die Organisationstheorie und -praxis. 6. überarbeitete und erweiterte Auflage, Schäfer-Poeschl Verlag (2007)

Abbildungsverzeichnis

Tabellenverzeichnis